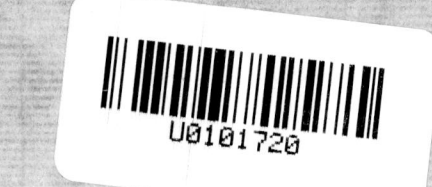

國朝

順治乙酉科

順天府：

陸嵩　鍾聲之　林起龍

劉玉瓚　方于光　李若琛

顏敏　宋杞　孔傅孟

葉獻章　朱之弼　耿于垣

胡兆龍　李鯨　張國憲

張炯　施民瞻　王士驥

顏永錫　朱翱　莊正中



趙琪　莫爾漼　王之鼎

張文明　樓晟　靳龍光

林暉　常自牧

良鄉縣：

楊三知　張元樞

東安縣：

福澤

香河縣：

袁懋功　王體晋

通州：

王公擢
三河縣：
劉瑞遠　胡應徵
武清縣：
曹文熷　劉汝治
昌平州：
陸華疆
密雲縣：
周樸
霸州：



林贊春　崔之瑛
文安縣：
陳協　王胤祚
大城縣：
李翼鵬
保定縣：
劉克家
薊州：
駱騰
玉田縣：

江中楫　江中耀　李及秀
孫啓聰
遵化州：
李茂春
**順治丙戌科**
順天府：
湯允立　胡惟德　王琛
章雲鷺　韓有倬　胡昇猷
徐兆行　紀咸亨　王熙
李大發　梁以桂　孫聖麟

祁復業　張能麟　金鋐
徐兆舉　王名世　李昌垣
羅森　洪範　茹鄂侯
張白然　王辛　顔永祚
杜樸　于之挺　方希賢
徐翀　張廷瓚　謝泰
張弘俊　蘇霖　王德明
于廷奏　蕭世賁
良鄉縣：
張璟

固安縣：
劉宗韓
永清縣：
鞏維城
通州：
雷湛　王法湯　張士甄
武清縣：
劉作霖
昌平州：
丁同益　周繩烈　蔣文燦



霸州：
郝維謙　郝維訥　吳光胤
文安縣：
方萬慶
大城縣：
王建中
薊州：
耿德暭
玉田縣：
李雲栽　邵洪勳　李長秀

豐潤縣：

楊　泰　谷光調

**順治戊子科**

順天府：

張永祺　王　仲　李長胤

張舜舉　温良璞　徐增美

顏　斆　劉芳躅　陳　卣

宗　彝　張　偉　袁　汴

吴道煌　秦性恒　張完臣

張繼鏕　蔣如瑶　俞　彝

朱志遠　徐兆慶　王毓恂

阮　標　王朝彦　徐兆極

王三接　李　燿　龔　瑛

甯　坊　葉樹德　王　琦

吴　煒　黃鼎鉉　黃申璜

沈肇基　甯光璽　李　障

王世約　周　禮　蔣士衡

沈慧俠　趙裔昌　余司仁

固安縣：

劉源澄　張六經

【世系】　【世表】

…世孫…

…廿六…

東安縣：
邵駿發
通州：
魏繼樗　雷一龍　侯于延
武清縣：
汪伯翔
密雲縣：
鄭通玄
涿州：
顧敞
霸州：
高之蕙
文安縣：
高光夔　紀元　賀士珍
大城縣：
王瀚
薊州：
盧裕楫　邊士遲　戴璽
玉田縣：
周體觀　林潤

豐潤縣：

郭卿雲　谷元亨　曹枚

## 順治辛卯科

順天府：

紀世勳正藍旗　丁思孔鑲黃旗　許重華正白旗

林進舉　李善鑲黃旗　任暄猷正白旗

范承謨　王瑞俱鑲黃旗。　張希賢正藍旗

楊逢泰鑲黃旗　翟元鑲紅旗　祁登第鑲白旗

王印昌　閻天祐正藍旗　李瑛鑲藍旗

連沛正藍旗　習全史鑲藍旗　佟彭年正藍旗

梁繼祖正白旗　師化民正黃旗　李祥鑲黃旗

張鵬翔正藍旗　陳愚鑲黃旗　胡獻瑶正黃旗

紀振邊鑲紅旗　陳丹鑲黃旗　祖述堯正白旗

王永昇鑲黃旗　陳永命鑲藍旗　張懷德鑲白旗

于睿明正藍旗　王彦賓鑲黃旗　任青雲正藍旗

劉名世正黃旗　夏世安鑲黃旗　劉永清正藍旗

齊贊宸正黃旗　張文學正黃旗　黄承運鑲紅旗

杜千秋正白旗　周天建鑲紅旗　王毓祥鑲藍旗

王承緒正黃旗　劉繼祥鑲白旗　祖澤闊正黃旗

張文學鑲黃旗　紀振邦鑲紅旗　郭奇勳鑲藍旗

齊贊樞正黃旗　陳作楫正白旗　陳必成
朱蓘　譚弘憲　雷經
張龍如　周憲文　徐愈
沈舉　朱之佐　楊起鵬
阮如蘭　胡懋謙　馮三台
陸鳴時　張弘儼　蘇宣化
王心　張爾奎　張勸
杜士晋　胡公著　唐頎
朱之翼　徐逸　王道隆
陳可畏　魏朝瑛



固安縣：
沈子龍　趙子秀　張應科
呂鳴燕
通州：
王胤元　杜繼召　楊士斌
邵汝懋
武清縣：
趙之符
寶坻縣：
張賓王　王乃餘

昌平州：
胡心尹
密雲縣：
趙珩
霸州：
郝惟謨　郝惟訓
大城縣：
蔡迪　戴君錫　蔡師襄
豐潤縣：
李有倫　谷秉謙

遵化州：
陳淳
玉田縣：
黄道啓
## 順治甲午科
順天府：
齊遵問正黄旗　李民聖正藍旗　朱麟祥正白旗
甯心祖正紅旗　吴毓珍正黄旗　蔡廷輔鑲白旗
胡起運鑲黄旗　張登舉正藍旗　喻珩鑲白旗
程萬仞正紅旗　胡文焕正黄旗　洪士銘鑲黄旗

張可立鑲黃旗　祖之麟鑲黃旗　裴紹宗正黃旗
淮清鑲白旗　戴斌鑲黃旗　張登選正藍旗
柯弼正藍旗　王勤民鑲黃旗　唐翰輔正黃旗
張恩斌正黃旗　林天楨正白旗　姚啓盛鑲紅旗
遲照正白旗　劉廣譽正紅旗　遲煊正白旗
高喻鑲黃旗　張應瑞正白旗　祖澤潛鑲黃旗
江養浩鑲紅旗　金玉式正白旗　完三元正黃旗
傅應薦正黃旗　陳其政鑲紅旗　陳烱宏正黃旗
佟胤秀鑲紅旗　陳年穀正紅旗　李芳春鑲紅旗
彭士聖正白旗　王士麟正白旗　高一治正黃旗
銀文燦正紅旗　年仲隆鑲白旗　宋國榮正白旗
齊洪勳正黃旗　張人瑞鑲藍旗　梁述祖正白旗
張大本正白旗　楊霖正黃旗　顧有章鑲白旗
楊應鶚鑲黃旗　董常國正白旗　王秉忠正白旗
鄢翼明正白旗　康殿邦正黃旗　陳國禎鑲黃旗
梁儒鑲白旗　孟述緒　羅文瑜俱正白旗。
田種玉　史起賢　李元發
馬猶龍　錢升　陳國士
蔣姬胤　朱以忠　周世澤
趙吉徵　趙明徵　諸用章

錢國壽　沈埅　孫礽
胡兆麟　陳之藴
固安縣：
劉萬策
永清縣：
柴應宸
香河縣：
陳榁芳
通州：
丁林聲　康莊　陳敬



李含春　喬木
順義縣：
張鼎銓
涿州：
馮源濟
文安縣：
井廞　井在
大城縣：
馬璣
保定縣：

馮壯
玉田縣：
劉毓安　桑開運
豐潤縣：
曹鼎望　姚曰都
**順治丁酉科**
順天府：
萬嵩　李易國　殷觀光　胡兆鳳
牛日旼　尤子麟　沈崇寧　米漢雯
李嘉猷　范固　劉芳喆　朱世熙



姚祖頊　邵宗周　蔣弘道　蘇嵋
郭士乾　顧宏　吴瑛　景貞運
良鄉縣：
張元榜
固安縣：
劉基孟
永清縣：
賈爆
通州：
楊正中　李涵　劉漢裔　王建中

張鴻猷
武清縣：
楊九有
昌平州：
錢中諧　王胤哲
密雲縣：
南宮第　高蹐
文安縣：
劉馨聞　紀星
大城縣：



王公任
玉田縣：
李啓元
豐潤縣：
張之瑞
遵化州：
曹名儒　王燦
**順治庚子科**
順天府：
錢裕國　劉鼎新　張壆　張國寯

繪圖園履

履園

劉履園題

... 乾隆本《履園圖》 ...

李時謙 張敦生 孫祚昌 胡懋宣

固安縣：

劉 曗

通州：

楊士炌

涿州：

周 釗

文安縣：

蔡芹香

大城縣：

李淑秀

遵化州：

陳宗彝

**康熙癸卯科**

順天府：

姚啟聖鑲紅旗 連國柱正黃旗 謝 龍正黃旗

孫以敬正黃旗 劉文燦鑲紅旗 李呈芳鑲黃旗

張九鼎平西王下。 閻興邦鑲黃旗 李景明正紅旗

孫汝謀鑲黃旗 郭肇基鑲白旗 蔣惟藩鑲紅旗

郎秉中 卞三畏 喻 良俱鑲紅旗。

于維新 朱旭俱鑲黄旗。王業昇鑲白旗
潘廷侯正黄旗 蔡興高 陳應富
高爾瞻俱鑲黄旗。孫振元 黄殿俱正黄旗。
遲熼正白旗 王永禄鑲黄旗 王業昌鑲白旗
梁延年正藍旗 柯永新鑲紅旗 孫鴻業鑲白旗
黄家遴鑲白旗 何朝宗鑲黄旗 王敷政鑲藍旗
王國泰 張九經俱正白旗。王之卿鑲黄旗
張三俊正白旗 佟文耀鑲白旗 崔啓元平西王下。
劉熙元鑲藍旗 潘讓平西王下。何士奇正藍旗
楊應春正白旗 董子華正黄旗 劉希舜正紅旗
張永茂鑲藍旗 王元弼正黄旗 王秉鉞鑲紅旗
連國棟正黄旗 齊宗孔正黄旗 姜文正藍旗
孟鋐正黄旗 華一麟正紅旗 金鏞正白旗
徐秉仁正黄旗 崔胤瑜鑲黄旗 劉應魁正紅旗
黑迎皖鑲黄旗 潘士學鑲黄旗 黄傑
田恩遠俱鑲紅旗。蕭鳴鳳正藍旗 張銘鑲藍旗
馬有成鑲白旗 張學孔平西王下。田騰龍鑲紅旗
趙鼎實正紅旗 李天然正黄旗 孫國柱正白旗
楊應鳳鑲黄旗 盧豫鑲紅旗 温興仁正黄旗
曹興隆正藍旗 師維垣平西王下。馬見龍正白旗

李實穎鑲白旗　王裔正黃旗　金國柱鑲黃旗
魯可變鑲紅旗　劉毓胤正黃旗　佟吉年正藍旗
高元爵鑲紅旗　許可榮正藍旗　吴游龍鑲紅旗
祖澤溶鑲黃旗　余應選　劉登科俱鑲紅旗。
陳大典正白旗　周盛定南王下。　李郁戀
萬雲　湯應聘俱正黃旗。　劉允恭定南王下。
裴國樟　師澟俱正黃旗。　佟國弘
朱衣貴俱正藍旗。　熊元珠鑲白旗　潘士瑞鑲紅旗
徐萬詵正藍旗　卞三益鑲白旗　徐炳德鑲黃旗
李國維正黃旗　周起龍鑲黃旗　孟遇時鑲白旗



文又新鑲黃旗　侯應封正黃旗　張文達正藍旗
孟一桂鑲黃旗　彭可有鑲白旗　王履泰
文謨俱鑲黃旗。　劉際昌正藍旗　徐必進正黃旗
張大成鑲紅旗　李長根鑲白旗　白啓明正白旗
盧士杰正紅旗　張友黃　陳光祖
劉賓廷　丁際治　張世綬
趙遂　秦敬傳　吴潤
王梅　海嵋　任鼎成
固安縣：
宋國鑑

香河縣：

程思恭

通州：

劉培 陳震元

武清縣：

李煒

文安縣：

邵秉忠

豐潤縣：

谷威

遵化州：

馮夢龍

**康熙丙午科**

順天府：

劉通濬鑲藍旗 周祚昌鑲黄旗 徐秉義正黄旗

侯之桓正白旗 曾學文鑲白旗 李開泰

馮載 何楷 張烈

柴應速 朱敦厚 王俶

朱燾 姚詢 陸嶠

紀五典 馮紹京 劉彦

昌平州：

葉振甲

霸州：

張報魁

文安縣：

何之漢　李起紀愈

大城縣：

吳煜

遵化州：

耿德曙



## 康熙己酉科

順天府：

博極正藍旗　王畹　白小子俱鑲紅旗。

王世礽　花尚俱鑲藍旗。　高璜鑲黃旗

節什正藍旗　李夢庚鑲白旗　梁廷芳正紅旗

德格勒鑲藍旗　沈獨立正黃旗　關保鑲白旗

王維珍　黑色俱鑲藍旗。　卞三祝鑲紅旗

關保　宋繹俱鑲藍旗。　牛鈕正藍旗

李玠正白旗　沈雲龍鑲白旗　張增

張鵬翼　顧汧　祖文謨

高聯 余應霖 王訪伊
鮑鼎銓 陳標新 李録予
蕭名輔 田成玉
固安縣：
辛樂舜 李櫺
永清縣：
陳情
通州：
王暐 楊舟
文安縣：
劉灝

## 康熙壬子科

順天府：
徐元夢正黃旗 劉忞之正白旗 成德正黃旗
蔣興周鑲紅旗 班達禮正白旗 曲震鑲藍旗
朱都那正紅旗 周昌 索柱俱鑲藍旗。
李基和 李國亮俱鑲紅旗。 蔡珍正白旗
覺羅阿都鑲藍旗 西平鑲紅旗 石録正黃旗
王允琳鑲藍旗 常壽正藍旗 高瑄
額滕 高鏞俱鑲黃旗。 邵光裕

馬一聰　方峨　徐晋
錢芳謨　龔爾美　田肇挺
鄭養民　陸溥　羅洐
李尚隆　高裔　陸循
張祖榮　黄軒　丁爾俊
通州：
李滋春　張士琄
昌平州：
裘充美
文安縣：
樊紹祚　井睦
寶坻縣：
楊雍解元
固安縣：
卜景超
康熙乙卯科
順天府：
馮保柱　卞永寧俱正白旗。　阿克敦鑲紅旗
石文桂正白旗　石禄正紅旗　淡永祚鑲紅旗
巴柱朝　雷池昆　馬雲翀俱鑲藍旗。

孟纘祖鑲紅旗　馬　六正藍旗　祁有聲正黃旗
哈付圖正藍旗　戴　度鑲藍旗　保　民正藍旗
梁文科正白旗　張士伋鑲白旗　索　洪鑲黃旗
代　又鑲藍旗　齊體物正黃旗　車鼎元
張友閔　汪養純　于馮宰
張天覺　侯度謹　趙東旭
邵弘魁　胡忠正　丁一新
通州：
王簡之　王升德
武清縣：



田　勃
寶坻縣：
劉　芷
豐潤縣：
韓居敬
昌平州：
孫纘功
順義縣：
張祖愷
文安縣：

王　坦　王允澤

## 康熙丁巳科

順天府：

顧用霖　徐經遠　陶　熙　宋　宓

張弘俶　尚　琰　張登第　沈龍驤

武清縣：

趙　璘

## 康熙戊午科

順天府：

范　琦　張升孫　高壽名　王如會



孟賡澍　吴　琪　張　翥

固安縣：

卜峻超

通　州：

王鼎臣　吴邦翰　張光鑾

武清縣：

王國綸

涿　州：

馮源淇

玉田縣：

桑　桐
遵化州：
李子昌　徐之佐
霸　州：
郝士錞
文安縣：
井　鉞
大城縣：
李　仔

康熙辛酉科

順天府：
雷有乾　袁　橋　江景瑞
通　州：
温　爲　張光綸
武清縣：
趙　瓚
寶坻縣：
李應甲
房山縣：
孫　謨

霸州：

郝士鏞　張永曙　郝士鈞

文安縣：

范矩

## 康熙甲子科

順天府：

應校發　邵觀　薄有德　趙如升

陶尊　汪敷敏　周道新　沈潛思

陸儼　楊堂

固安縣：



李超

房山縣：

李如渤

玉田縣：

胡近臣

豐潤縣：

鄭恂　白弘緒

文安縣：

胡滂　劉肇岷　紀遴宜

大城縣：

張嵩齡　李根

## 貢生

## 國朝

### 順天府大、宛兩縣附

陳聖學　蔣甲春　陳國猷　趙逵
吳鳴鳳　汪文煒　王都　田震
米壽都　蕭嘉熙　吳騰鳳　徐憲尹
牛應象　房之範　戴正宸　段尚絅
楊振芳　陳國士　余濟　錢裕國
季德鄰　吳拱極　于階　秦敬傅



張烈　余子鵬　白賁　朱之孝
尤子鳳　栗裔蕃　常汝珍　敖起鳳
夏胤　須應旂　史彝典　杜顯思
徐孚尹　徐兆斗　金錕　方峨
徐止敬　李觀陽　王仲門　孫如鑑
王應吉　諸書備　王之英　戈元凱
朱之德　郝尚禮　孫道極　朱持正
耿國熙　李國華　陶淑　趙籙
張玉立　張紀琚　趙燮　余之鋻
張發　庚豐　賈緝誼　劉繕先

戴王繪 崔顯祖 劉之倫 金思恭
白玉瓚 劉象先

**良鄉縣**

王進 蘇泰 張忠 段嵩
李進 唐敏 辛綬 劉忠
李英 尚志 朱璿 張恕
郝繼隆 蘇林 翟迪 鞏宜
曾信 高巍 石琮 申斌
陳厚 劉選 尚賓 耿靖
王昇 侯賜 南玉 劉聚
鞏敬 毛鋭 石盤 鍾璿
魏寀 王麟 魏暄 邵昱
陶禮 崔鉉 謝文達 王麒
崔堯 楊臣 徐溥 王暉
許宏 張天錫 王澤 張魯
楊守直 姚希賢 任愧 謝文振
樊彦文 李唐 魏儲 吴秉志
王龍 趙中正 魏東山 楊守正
楊守公 李洵 馬良 宋賓
侯建功 蘇守 任相 張九思

謝天叙　邵鎮　李沛　梁橋
安如乾　侯公叙　王嘉言　楊尚絅
劉天叙　馬京　侯學禮

**固安縣**

淡成　宋亨　王倫　張素
王順　孟越　惠禮　祖順
張英　彭毅　馬良　孫賢
李實　張翼　雷文　高節
韓澄　張弘　盧臻　王輔
金器　崔舉　王林　張緒宗
馬善　王士芳　陳大維　王鼗
任肅　朱雍　梁棟　張彪
陳廣　張栩　潘禮　祖經
劉清　張振　張衵　張拱
賈麟　畢政　張觀　張鑑
張禎　王紀　董琳　楊泰
蘇雲　張謙　趙鼎　趙鳳
葛覃　于謙　郭絅　張廉
陳紀　張麟　孫愷　思惠
王鳳　呂綸　馮俊　周寬

王鵬　王鴻　朱紀　張延芝
侯端　耿海　彭壽　譚諒
趙相　陳塡　吴璋　陶賢
鄭鐙　張宗學　牛憲　潘景昌
强中立　齊寧　張宗儒　張讓
王賢　祖公爵　王寧　李英
李綸　佘鋼　張瀛　翟廉
叚進　牛孔昌　曹鋘　張禧
陶祚　龐琁　楊信　于正
陶光宇　王元勳



**永清縣**

索一書　劉銛　韓章爍　李大生
韓章美　劉澤　王大猷　張希堯
韓芳　李滋生　朱貞憲　竇時逵
賈應啓　鞏令期　夏之瑚　孫開運
張鑭　李士琦　鞏天録　張宿煌
李枝瑞　賈烔　索珽

**東安縣**

王尚大　馬汝頤　孟紃　魏秉直
黄琱　劉進　王鏞　高倫

陳位　李景榮　許時中　龐綸
張汝礪　焦佐　高瑞　郭繼先
張廷爵　劉相　王廷佑　孫應昌
解沔　許汝瑞　孫釜　馮時泰
張孚化　李九淵　楊紹光　陳守
周朴　王三錫　郭楠　高惟嵩
王嘉言　施爲霖　李希會　李紹英

## 香河縣

程進忠　岳儀　李亨　徐茂
石懋　王英　王信　郭鑑



崔恪　孫祿　陰積　李綱
李徵　李鑑　孫英　段忠
賀福　楊真　張文陛　張肅
崔昱　荆泰　周普　李縉
張泰　白翔　孫翔　丘真
王震　杜資　劉進　李鑑
李懷　杜真　劉敏　王恭
牛麟　王瑀　劉晟　孫資
周祿　張拱　郭瑛　周玉
孫緒　李瓚　趙昂　陰錀

吴洪　岳岑　曹濬　周冕
戴繼宗　吴鵬　董欽　孫佩
劉琦　張文薦　許獻可　李仲仁
郭昂　王鑑　尹銘　楊越
崔珙　劉憲　蒙君爵　王綸
常保　尹尚忠　崔江　楊柟
魯美　程章　李良貴　周邦化
楊棟　周敏學　崔希賢　劉焕然
張珖　王仲美　周良材　周敏性
趙完　張惟　吴周正　王問卿
郭承祚　劉金梁　張好學　徐如堯
尹就湯　陳鎧　王良翰　安邦
程天錫　王三錫　尹順

**通州**

李原　邢讓　張漁　鄭經
張翔　高毅　劉芳　孫堅
蘇雄　高倫　張拱　潘鳳
李鐸　傅立　王昇　楊春
楊顯　趙興　李敏　張亨
武旻　唐廣　李璧　劉道

| 第一行 | 第二行 | 第三行 | 第四行 |
|---|---|---|---|
| 趙敬 | 姜盛 | 耿輝 | 宛政 |
| 劉景 | 劉謙 | 張寧 | 李瓚 |
| 耿寬 | 趙安 | 董清 | 王喜 |
| 金璧 | 傅銘 | 劉榮 | 劉傑 |
| 李琦 | 張山 | 董義 | 郭英 |
| 郭明 | 盧恭 | 李溫 | 張愷 |
| 唐哲 | 郭溫 | 薛鎧 | 趙晟 |
| 毛世達 | 田溥 | 祝廣 | 張雄 |
| 經綸 | 張名魁 | 馬亮 | 俞登 |
| 張俊 | 張登 | 周福 | 惠繢 |
| 胡勇 | 劉鑑 | 蔡淮 | 王經 |
| 耿定 | 吳瓚 | 陳祥 | 曹英 |
| 王璿 | 戴銳 | 薛澄 | 張安 |
| 蘇泰 | 吳淙 | 李昂 | 童易 |
| 吳來鳳 | 張鍾 | 白文茂 | 馮應魁 |
| 耿富 | 劉淮 | 張一 | 賈鎧 |
| 王鑰 | 余鼎 | 高第 | 馮鎡 |
| 高清 | 馬乾冠 | 范應魁 | 王越 |
| 李桂 | 丘華 | 楊時澤 | 李宗模 |
| 王愷 | 劉鉦 | 尹清 | 張呼 |

張萬生 楊啓東 鞏鐙 張佩

## 漷縣

姬本 孫鉉 田質 盧榮

侯讓 馬麟 周厚 倪忠

祁誠 姚俊 黄貴 王宣

李榮 韓偉 史廣 翟福

徐夔 楊俊 毛達 楊仲仁

潘謹 康永昌 康永慶 許文進

徐熊 周鎮 陸錦 朱馴

李椿 馬義 吕棟 王德隆

董涇 楊求禄 張大倫 朱瓚

董培 徐价 馬負圖 趙自强

羅祉 張義 董潭 張涣

韓文郁 李忠 盛名揚 王烈

周瑶 陸如桂 李鎧 周于德

## 三河縣

梁佑 楊雲 王鳳儀 李檜

鄭暹 禹鐸 禹錫 楊釗

石文明 郭璋 杜清 劉珊

彭濟時 李鷺 薛文通 崔鑑

劉珪 趙愷 李璋 王夢麒
楊衵 王永年 趙儒 禹九疇
王庭 高岡 葛子行 喬佐
王夢鸞 劉雲 楊鉞 楊鈿
聶守正 丁景儒 馬蛟 陳扁
喬遇 禹第 高尚事 嚴金
韓惟春 楊宗范 金孝儒 唐爵
管應鳳 耿啓先 李嘉會

**武清縣**

王亨 竇和 侯官 孫繩
楊春 荀沔 邵鉉 曹銘
徐涇 高昱 侯禄 李椿
秦祀 侯汝賢 胡瓚 李喬
高英 張鵬 鄭達 陳旻
高欒 王雄 郝世傑 鄭逵
郝慶 徐有良 尹紳 朱鏜
龎定 龔鎡 師傳 王文瑞
黄頤 朱沭 王經 高淮
朱賓 孫光祖 張惠 劉雍
安東 梁津 孫竺 徐泗

董溱　徐洞　孔宗汲　張承胤
張一鵬　趙經綸　張桂　師澤
李東先　鄭修　楊宜勤　楊天福
朱邦彥　周鐘　孫維淵　許鋭
劉相　許鉞

**寶坻縣**

劉源沛　杜懋哲　陳應瑞　張開新
劉從業　趙拱樞　陳氏新　單者昌
王日都　蕭如荃　孫延齡　李成章
劉人奇　王元泰　蕭閎聲　劉從雅



牛鑣　杜恭著　蕭如蕙　王鼎呂
曹瑞　牛之澧

**涿州**

王時習　姚恕　陳照　姜迪
盧聰　王政　馬文達　王憲
魏鳳　李仲名　楊仕　劉賢
劉偉

**房山縣**

盧祥　李輝　張克誠　趙真
張信　馬驥　劉聰　鄭通

紀本　王政　傅寧　馬駪
劉深　高鳳　申譽　李雲
呂榮　劉英　傅景隆　龐智
高嵩　馬能　趙福　張亮
李祥　李浩　張聰　高鵬
宋紹祖　李文　趙禄　梁守愚
馬馭　陳通　鄭安　劉卿
齊景芳　趙鼐　王得山　劉鋭
楊紀　李明　傅銑　王紀
趙儒　張翹　陳言　鄭章



路章　陳景隆　李鳴飛　李久學
王綬　張鵬舉　馬瑁　趙伋
劉橋　紀仲義　劉鼎　楊汪
劉儒　齊顯　左樞　左機
馬仲學　丘文實　弭大紳　信湑
胡鑑　許信　徐祥　劉敬
姚善　王俊　于幹　王真
王彝　楊圓　孫賢　于旻
王鳳　孫昱　劉靖　劉駪
宋徵　劉彬　殷璋　焦森

楊祺　陳正言　王廷華　李璟
謝舉　楊航　閻正　周清
李温　院清　楊銓　徐機
王軏　孫表　牛綱　武漢
李祥　康表　宋佐　李九成
王文道　鄧中行　史釗　劉祥
潘潤　郗仲傑　田燧　李寶
蕭佩　王夢易　陳瑀　曹振
張騰　孫泰　方用　甄鹵
張福　楊儉　陳聚　劉順

馬并　孫禮　劉儒　張相
張斆　郭琮　馬祥　任惠
宋福　董蘭　王岱　潘清
楊侃　傅思懋　李如梓　張汝楹
王大鴻　鄭世臣　張宸　劉一鳳
齊邦治　史鐄　楊少齡　蕭鳴韶
王大鵬
**薊州**
李復元　張珵　陳元陽　張四維
吴鈴　王之尹　賈得志　康宏

毛雲翷 白養正 周孔昭 侯元明
趙育元 朱良臣 李麟起 董箴
李滋 袁汝元 金榜 王廷相
田峒南 胡邦俊 陳子潤 倪陛
王朝瑛 路湛 盧用焞 王家玢
陳惟清

## 玉田縣

胡維翰 張作礪 江山燦 邊上巽
李萃秀 劉毓賓 錢淮 范其貞
陸宗程 蔣汝賢 范其量 李敷秀



李延慶 許鳳翼 李華秀 張于庭
王環 夏宗支 黃道明 王家楫
孫纘宗 桑開達 張我重 王甫及
唐道明

## 平谷縣

劉瓚 李奂 王渥 何玉
王衷 吉永 高選 常矩
劉哲 韓英 蒙正 李琦
苑清 王宣 楊英 李茂
胡驥 蘇哲 柴景源 王璋

蘇琳 應顯宗 呂智 趙春
官紀 韓昌 耿煥 張智
宋璟 崔慶 楊賓 王璽
趙準 趙暹 郝鏞 李鐸
劉朴 邊寧 王聰 孫璵
沈性 王彪 郝鵬 王彝
劉徵 宋本 賈逵 孫鎮
倪昇 張敏 劉禎 張翺
趙謙 錢盈 李安 賈敬
張鳳 劉華 王政 王愷
王綸 張欽 王政 賈祥
王舉 胡俊 錢瀅 劉芳
張明 王章 王冠 張仁
周昂 張琇 李晟 金紳
劉永年 王榮 王縉 王灝
李勉 魯禎 劉黼 陳璋
張璘 王鎡 賈聰 張深
賈琮 王鎬 張鑑 韓琪
王鐈 王欽 錢浩 王漢
張旺 賈錦 魯福 孫源

宋景春　孫　源　王　溥　胡　賢
金　龐　王　沂　王朝遂　王　臣
傅東銘　張世遠　倪汝廉　王一夔
張良佐　張　錫　閻　壽　張　祼
王　昜　李　禮　王　鼎　陳長慶
羅希范　杜文明　王　治　馬維騏
王朝遠　李　梅　金　官　方文光
劉秉和　倪光遠

**遵化州**

趙光霽　張雲翼　趙　遠　時賁可
劉調鼎　汪之洙　張睿徵　穆從墨
楊際春　王業泰　張登龍　王化淳
李禎元　李喬林　李景元　陳以聖
王宇春　張玉鉉　賈之旌　王業茂
王心淳　秦秉忠

**豐潤縣**

白　原　王　麟　劉執中　蔡　資
魏　彬　王　質　呂　惠　高　玉
路　衡　李　祥　李　傑　馬　沈
田　本　王　懷　王　斌　路　本

馬健 王鈞 朱貴 鄭純
石王 石大用 楊性 楊能
段珉 王韶 劉昇 顔永
徐勗 王漣 劉濬 吴寛
閻鐸 石剛 曹安 侯俊
李英 馬全 張和 程秀
王傑 楊涇 董讓 劉清
殷安 張端 鄭旺 潘旺
石延潤 周鴻 魏達 張全
田華 楊陞 周鵬 周龍



王寧 高輔 林杰 蒲蓉
李乾 馬瑾 石延珪 楊秉信
李用中 趙幅 詹從方 楊楫
郭敎 郭洪 王惠民 石之瑞
林華 李燦 楊永溪 陳濂
張維 劉文彰 何弘 王琰
朱相 段執中 何寛 段榮
王世臣 季煥然 王則聘 李漸芳
張待時 韓繼儒 楊雨 魏岳
周守正 王澤民 谷九鼎

## 昌平州

杜進 馬玉 崔榮 馬隆
鄭興 王傑 崔貴 鞏希仁
李獻 王思 徐善 韓欽
張泰 靳綸 趙禧 賈元
徐壽 馬宏 張忠 李誠
梁溥 李清 韓道 傅禮
王价 劉璧 劉鐸 龐經
趙秉忠 謝通 李天植 王璽
張經 李灌 孫睿 劉寰
宋鐸 王九齡 婁堯欽 李澤
劉植 梁宇 金鼎 廖沂
董沂 彭瀾 劉光明 黃鐸
張鵬 馬昂 于天祥 傅宗顯
趙達 喬壽 韓紹 楊思廉
劉謙 李斌金 崔學謙 高林
王九經 杜源 張國佐 郭昭朗
華相 黃相 王之相 張燦
馬成允 左欽 韓錫 齊炳
李鳳崚 楊科 劉應兆 郝天爵

## 順義縣

單教　吳心溥　張箸　吳夏
張輪　王忻　劉三德　萬世鑑
單敏　張箴　王亶祐　王蜚卿
張筦　田雨公　王永寧　楊澤
董正藝　張文錦　張天格

## 密雲縣

孫藹　李迪　于遠　盧祥
田實　張輔　盧用　顧詢
王煥　杜讓　馬善　李通
魏晟　崔敬　王景　于瑾
高瑀　鉉榮　劉琛　郭珍
王振　鄭瑄　常宏　趙珩
鉉珪　王鑄　尹通　蘇震
李中　王寬　高林　常清
蔡馭　張榮　趙宣　張文
劉瑀　王禎　萬寶　陳傑
許順　曹政　張翺　石清
李賢　趙鐸　孫魁　張信
梅青　孟真　李政　陳綸

楊鼎　徐秉　黃延倲　張遲
鄭良　玄繡　王玘　張鼐
盧淵　吴灌　許能　王佑
高鑑　謝讓　劉真　劉玘
范友　高鉞　李傑　田朴
陶達　徐寶　田浩　吴雄
徐玄齡　聶順　盧朝宗　曹廣
耿鸞　李樹　王瓚　曹琛
倪良　田仁　孫填　趙昺
李寶　王鐨　張汝遷　蔡傑
田松　王以賢　朱進　劉鳳
李仕　王蓋臣　王以仁　田栢
陶玠　劉子龍　劉萬里　王南山
劉廷珍　田杞　郭良翰　劉景榮
王汝俸　郭完　田柱　李沿
王坤　王良卿　蕭文舉

**懷柔縣**

鍾其濼　鐘其源　劉寵光　白玉輝
李紘璿　王化成　劉成名　宋運隆
李長茂　杜森　裴彩龍　范顯中

李孔蓋　石可从　杜春茂　王嘉賓
鍾燕俊　杜琇　宋杜　李朝用
李易春　馬驥

## 霸州

高良　王鉞　楊仲嘉　盧毅
魯澤　王誾　李謙　王楫
田昀　劉育　李鐸　周完
孫敔　徐名　馬恕　聶遜
蔡恕　張能　劉禧　孟志
張麐　劉賡　侯琰　王璟



張韶　王寬　錢昌　楊浩
張鏞　趙慶　王哲　劉矩
張偉　張翼　劉魁　孟禧
樊鋭　張瑛　張玘　牛衡
張繪　張傑　胡清　何洪
王寧　杜敏　郝俊　盧盛
牛瓚　錢松　范錦　孟安
孟淵　李襄　王矩　王英
王繼　張濟　高金　勇勉
劉恭　田盛　王澤　田茂

王良　王宇　侯文　馬瑄
張璟　趙聰　徐金　趙麟
劉玘　蔡敬　賈瑛　孟亨
盧鑑　李儉　苗瑄　王珣
馬雲　張騰　楊暹　李懃
席珍　梁通　趙震　劉瑛
王琪　韓貫　任永　于雄
張浙　汪謙　任禄　顧昇
李景芳　林河　楊文雲　趙璉
胡昌　楊文量　張汝賢　王錞



王琦　王鑾　錢濟　苗萬鐘
席龍　王政　于禮　許淵
田雲　孟瑛　任大經　任卿
杜存忠　蔡文魁　張文載　王殿
張大綱　郭文瑞　田登　郭完
王朴　江南　曹世亨　王嘉
席尚中　劉宗仁　劉仲臣　盧世用
李珠

**文安縣**

井光裕　胡一敬　井鑾　劉澤九

任璽　紀克明　紀愈　王埏
邢可受　李其旌　王允嘉　王聲鋐

## 大城縣

袁興　孔立　宋福　張昭
張有常　馮祥　李見　傅泰
陳禮　傅岩　張忠　王弼
謝華　楊撝　謝榮　郭聰
傅佑　苑亨　邢寬　李節
馮春　孫文　陳璘　周紀
李信　張琮　胡清　孫讓



王廉　郝敏　宋玉　葉世魁
張縉　王綸　冉紀　馬震
李深　楊冲　李洲　楊思明
王經　蘇希軾　高尚志　張克弼
王珂　陳霖　張焯　魏輔
張愚　劉舉　馬實　楊塤
王廷之　王洞　王价　曹儒
狄用臣　戴時顯　馬斯臧　李淮
田洪　蘇環　王洧　宋居
任憲　馬雲凰　楊棟　時智

李仲學 李時雍 馬雲鴻 昌珩
呂侯 王紹堯 鄧金 王鋭
王應亨 王紹舜 王用卿 馬雲鵬
劉天禎

## 保定縣

薛恭 仝保 史瑜 劉遜
趙顒 王敬 李宜 盧從
李彧 畢貞 翟瑀 王瑾
鄭巘 薛敬 楊仲名 焦振
宋禎 馬聰 張著 張俊
王斌 程章 王銘 劉恍
劉潔 楊和 柴禋 楊銘
王璋 張本 于賢 劉敏
劉潭 吴魁 陳賢 白素
陳簡 宋輔 劉盤 張和
胡海 李平 馮瑄 焦壽
李宏 柴璉 程教 柴思恭
史玉 高琦 劉賢 翟宗
程恭 王景 劉璽 程儉
王璉 高翀 王經 柴思讓

于欽　王威　劉瑞　馬瑞
馬賢　于大倫　薛德明　劉儒
馮恩　程材　劉鑑　柴資
柴衵　劉景暘　翟智　劉思聰
于梅　劉時和　薛希仁　胡同軌
張思義　柴陞　王佑　李宗政
路宏　宋一貫　張帆　劉弘潮
宋元孝　程雲梯　張廷相　岳遷
王旌忠　柴隥　王際雲　楊潤
柴漢儒　閻思道　閻思述　王廷楹



高登　吴櫝　馮銅　劉士魁